心の バリアフリーって なんだろう？

監修／**徳田克己**（筑波大学教授）

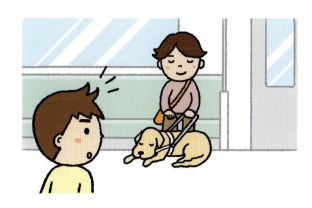

みんなのバリアフリー❶

心のバリアフリーってなんだろう?

もくじ

バリアフリーって、何? ……………………………………………………… 4

心のバリアってなんだろう?
困っている人がいたらあなたはどうする? ……………………………… 6

心のバリアに気づいたら
心のバリアフリーを考えよう ……………………………………………… 8

心のバリアフリーを学ぶための5つのステップ ………………………… 10

- ステップ1 障害や障害のある人の存在に気づこう ……………………… 11
- ステップ2 障害についての知識を得よう ………………………………… 11
- ステップ3 障害のある人に会ったり、話を聞いたりして「心」で理解しよう … 12
- ステップ4 障害に対する態度（しっかりした考え）をつくろう ……… 13
- ステップ5 サポートのしかたを学んで、自分ができることを実行しよう …… 13

街の中にはいろいろな人がいるよ ………………………………………… 14

心のバリアを探してみよう マンガ編 ……… 16

心のバリアを探してみよう クイズ編 ……… 20

考えてみよう！
障害のある友だちと、何して遊ぶ？ ……… 26

学習ノート
心のバリアに気づいたら、次からどうしたらいいと思う？ ……… 28

みんなのバリアフリー 全巻さくいん ……… 30

わたしたちといっしょに考えましょう

徳田先生
社会のバリアフリーや、心のバリアフリーについてくわしい。

あらたくん
小学4年生。勉強がきらいで、外で遊ぶのが好き。バリアフリーについても、あまりよくわからない。

みゆきちゃん
小学4年生。本が好きで、ヘレン・ケラーの本を読んで、バリアフリーに興味をもつように。

バリアフリーって、何？

　バリアとは、英語で「かべ」という意味をもつ言葉で、人が何かをしようとするときに、それをさまたげるもののことをいいます。

　バリアフリーとは、**バリア（かべ）を取りのぞく**という意味。

　つまり、いろいろなちがいがあるみんなが、それぞれ安心して安全に、快適にくらせる社会にしようという考え方のことです。

　社会の中には、どんなバリアがあるのでしょう？

　たとえば、**車いすに乗っている人**にとっては、**段差や階段**がバリアになります。

　目の見えない人にとっては、**目で見る案内図しかなければ**、何がどこにあるかわからないというバリアになります。

　耳の聞こえない人にとっては、**耳で聞く放送しかなければ**、今何が起こっているのかがわからないというバリアになります。

　こういうバリアを取りのぞくために、**街の中にはいろいろな設備があります。**

[車いすに乗っている人への バリアフリー]

階段のわきにスロープ（→2巻47ページ）を取りつけることで、車いすに乗ったまま上り下りができるようになります。

[目の見えない人への バリアフリー]

階段や駅のホームに点字ブロック（→2巻32ページ）を設置して、階段や障害物を知らせます。

[耳の聞こえない人への バリアフリー]

駅や病院などの公共施設やデパートなどの商業施設には、筆談（→2巻11ページ）の道具が用意してあります。

バリアにはどんなものがあるの?

街の中は、バリアフリーでいっぱいなんですね！

でも、実は社会にはまだまだたくさんのバリアがあります。バリアは、大きく4種類に分かれます

【4つのバリア】

物理的なバリア
車いすに乗っている人は、道路に段差があったり、道はばがせまいと、通れません。高さやせまさなどで行く手をはばむことが、バリアになってしまいます。

制度的なバリア
障害があるため、やりたい仕事ができなかったり、行きたい学校に行けなかったり、資格がとれなかったりすると、制度的なバリアになってしまいます。

文化・情報のバリア
目の見えない人の場合は点字や音声案内、耳の聞こえない人の場合は手話や筆談のサービスがないと、文化や情報に接する機会が少なくなってしまいます。

心のバリア
障害のある人を「かわいそう」と思って特別あつかいしたり、かたよった見方をしたり、知らんふりしようとしたり、心の中にもバリアがあります。

心のバリアが、一番身近な気がする。だって、ほかは大人に解決してもらわないといけないけど、心のバリアは自分たちでも考えられそうだよ！

心のバリアを取りのぞくことは、そのほかのバリアフリーを実現することにもつながります

そうなんだ！でも、心のバリアって、たとえばどんなことなんですか？

それでは、次のページから見ていきましょう！

1巻 バリアフリーって、何？

心のバリアってなんだろう？

困っている人がいたらあなたはどうする？

障害があるためにできないことがあって困っている人を見たら、あなたはどのような行動をとりますか？　考えてみましょう。

車いすに乗った人が困っていたよ

通り道に自転車が置いてあると、道のはばがせまくなり、車いすが通れないことがあります。車いすが通るには、ある程度の広さが必要です。人が通れるからいいだろうと思って自転車を置くと、車いすに乗った人は困ってしまいます。

あなただったら、どう行動する？

助ける

助けない

わからない

なぜ、そう思ったの？

助ける
- かわいそうだから
- たいへんそうだから
- がんばっていてえらいから

助けない
- 知らない人だから
- 自分にはできないから
- 失敗しそうだから

わからない
- どうやって接すればいいかわからないから
- 助け方がわからないから
- まちがったらたいへんだから

\ ちょっとまって！ /
これが、心のバリアなんです

「助ける」の心のバリアは……

「かわいそう」「たいへんそう」「がんばっていてえらい」など、上から目線で助けられたら相手はどんな気持ちだろう？「助けてやっている」といわれているようで、いやな気持ちにならないかな？

「わからない」の心のバリアは……

経験がなければ、たしかにわからないよね。だけど、「何かお手伝いできますか？」と声をかけることはできるはず。「わからない」ことを理由に、ずっと見て見ないふりをしていてもいいのかな？

「助けない」の心のバリアは……

困っている人がいても、自分には関係がない？ 自分だけがよければいいのかな？ 助けない理由はいろいろあるかもしれないけど、どうしたら「助けよう」って気持ちになれるかな？

助けると答えた人も、バリアをもっています

1巻 困っている人がいたらあなたはどうする？

心のバリアに気づいたら

心のバリアフリーを考えよう

わたしたちの社会

一歩、街へ出たら、いろいろな人に出会いますね。

すたすたと早足で歩く若者。ゆっくり休み休み歩く、高齢者や妊婦。

ベビーカーをおすお母さん。車いすに乗っている人。目が見えなくて、白い杖をつきながら歩いている人。

このほかに、体格も体力も、年齢も出身地も、はだの色も、**ひとりひとりちがっています**。

わたしたちの社会は、こうしたひとりひとりちがう人たちが集まってできています。

ですからこの社会では、**どの人の考えも大切**にされなくてはなりません。

心のバリアをもった状態
自分さえよければいい、自分とちがう人のことはみとめたくないというのが、心のバリア。　✕

心のバリアフリー
心のバリアを取りのぞいて、おたがいのちがいをみとめあえることが、心のバリアフリー。

心のバリアフリーのためには、ほかの人が不便に感じることを知り、その人たちの立場になって考えることが大切です

～気づきにくいバリアもある～

不便に感じている人たちを思いやること。

それは**心のバリアフリー**で、とても重要なことですが、気をつけてほしいことがあります。

それは、**だれかを特別あつかい**するのも、**バリア**になってしまうということです。

車いすに乗っている人や目の見えない人など、障害のある人を見かけると、**「やさしくしなくちゃ」「かわいそう」「えらいな」**などと思って、つい特別あつかいしてしまうことがあります。

実はそれは、**相手に対して、とても失礼**なことです。

目の見えない人が道を歩いている
「まっすぐ歩けて、すごいなぁ」

あなたが道を歩いている
「ちゃんと歩けて、えらい！」「当たり前のことなのに……」

たとえば目の見えない人が、道を歩いていただけだとします。何も困っているわけではありません。

もし、あなたが道を歩いているだけで「えらいな」とか「かわいそう」などといわれたら、どんな気持ちがしますか？

なんだかいやな気持ちになるのではないでしょうか？

つまり、**障害があるかどうかで特別あつかいをしないで**、どんな人に対しても**相手の気持ちを想像して行動**すればいいのです。

ひとりひとりがちょっとしたことに気を配るだけで、みんながくらしやすい社会にすることができます。

心のバリアフリーは、少し難しく感じましたか？
でも、安心してください。
これから、5つのステップにそって、マンガやクイズで学んでいきましょう！

1巻 心のバリアフリーを考えよう

心のバリアフリーを学ぶための5つのステップ

心のバリアをなくすためには、5つのステップを順に学んでいく必要があります。

ステップを順番に進めば心のバリアを解消できる

障害のある人について、「知らない、または知ろうとしないこと」「知ってはいても理解しようとしないこと」「障害のある人は○○だと決めつけること」が心のバリアです。心のバリアは、知識や経験が足りなかったり、誤解や偏見をもっていたりするために生まれます。

障害がある人がみんな参加できる平等な社会を目指すには、このような誤解や偏見から生まれた心のバリアをなくしていかなければなりません。そして、次の5つのステップを順番に学んでいくと、心のバリアをなくすことができます。

5つのステップ

ステップ1 障害や障害のある人の存在に気づこう

ステップ2 障害についての知識を得よう

ステップ3 障害のある人に会ったり、話を聞いたりして「心」で理解しよう

ステップ4 障害に対する態度（しっかりした考え）をつくろう

ステップ5 サポートのしかたを学んで、自分ができることを実行しよう

次のページから具体的に学んでいこう

ステップ1　障害や障害のある人の存在に気づこう

障害のある人の存在に気づくのはいけないことではない

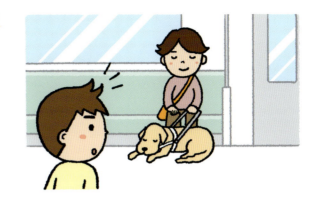

盲導犬をつれて電車やバスに乗っている人や、手話を使っている人を見たことはありますか？　まずは、障害のある人の存在に気づき、自分とちがうところがあることを知りましょう。障害のある人に出会ったときに、いろいろなことに気づいたことをいけないことだと思って、気づかなかったふりをする必要はありません。

この気づきが、障害そのものや、障害のある人に対する接し方を学ぶ、最初の段階です。

ステップ2　障害についての知識を得よう

自分の身体とのちがいについて知ることも理解につながる

障害のある人について、正しい知識を得ることは、誤解や偏見を生まないためにも大切なことです。

障害の原因や症状はもちろん、障害のある人たちが、どのような生活を送っているのかを知りましょう。どんなふうに接したらよいのか、エチケットやマナーについて知ることも必要です。

また、自分の身体について知ることも、障害のある人とのちがいを知ることにつながり、理解が深まります。

障害についてのくわしい解説は **2巻** にあります

1巻　心のバリアフリーを学ぶための5つのステップ

ステップ3 障害のある人に会ったり、話を聞いたりして「心」で理解しよう

自分がどんなことを感じたのか、「心」の声を大切にする

自分が障害のある人と直接会って話をしたり、テレビ番組で障害のある人を見たり、本や人の話から見聞きしたり、さまざまな体験を通して、障害のある人の身体の機能面での不自由さや、社会で生きていく上での困ったことなどを知りましょう。そして、それらの内容について、自分の「心」でさまざまに感じることが大切です。

その人の性格や、障害の種類などによって、考えや困っていることは異なります。いろいろな人と会い、話を聞くことが大切です。

障害のある人と接してネガティブ（否定的）な気持ちが生まれることもある

あわれみ、同情
「かわいそうだな」「目が見えないのに、自分で歩いてたいへんだな」「車いすだと、いつでも好きなところへ行けなくてつらいだろうな」などと、相手のことをあわれんで、同情することがあります。

おそれ
「なんだかこわいな」「近くにいるのがやだな」など、障害のある人に対する誤解や偏見から、おそれを感じることがあります。

罪悪感
「何かしてあげたいけど、何もできない」「足の不自由な人の前で走り回って、申しわけなかった」など、障害のある人に対し何もできない自分や、障害のない自分に罪悪感を覚えることがあります。

不安
「何かしてほしいっていわれたらどうしよう？」「話しかけられたらどうしよう？」など、障害のある人に対してどうやって接したらよいかがわからないことからくる不安を感じることがあります。

ネガティブ（否定的）な感情が生まれても問題はない

障害のある人に接したとき、このような否定的な感情も含めて、自分の心で感じることが大切なのです。ネガティブな気持ちをもったとしても、「そんなふうに思ったら失礼だ」と感じて自分の感情を否定する必要はありません。自分の中で生まれた心の声は、自然な感情として受け止めます。

ステップ4　障害に対する態度（しっかりした考え）をつくろう

正しい知識が身についていれば、正しい態度をもつことができる

ステップ2 ステップ3 で、体験をもとにした知識が十分に身につくと、障害に対する「しっかりした考え」をもつことができるようになります。そして、しっかりした考えをもつことができれば、障害のある人に接したときにどんなふうに行動したらよいかがわかるようになります。「しっかりした考え」をもつ人は、多少ネガティブな情報が入っても、自分の考えがぶれません。たとえば、たまたまある障害者におこられてしまった場合でも、「だから障害のある人はこわい」とはならず、「今回はたまたまおこられてしまったけれど、次は大丈夫」と受け止めることができます。

○ ステップ2 ステップ3 で体験に裏付けされた正しい知識を得た → ステップ4 の正しい態度がつくられる

× ステップ2 ステップ3 の知識が不十分 → ステップ4 の正しい態度はつくられない

「しっかりした考え（態度）」は、「応援しているチームが、たとえ負けたとしてもファンでい続けよう」という気持ちと似ています。

ステップ5　サポートのしかたを学んで、自分ができることを実行しよう

障害のある人を受け入れることを当たり前だと考えて行動する

ステップ1 ～ ステップ4 がしっかりとおさえられていれば、学校や社会の中で障害のある人に出会ったとき、正しい知識をもとにした態度で接することができるようになります。障害のある人を受け入れることを当たり前だと考え、だれかにいわれなくても、できることを自分で考えて実行できるでしょう。そのために、第5のステップとして正しいサポートのしかたを学んでいきましょう。

サポートのしかたの解説は **3巻** にあります

1巻　心のバリアフリーを学ぶための5つのステップ

街の中には
いろいろな人がいるよ

心のバリアフリーを学ぶための第1のステップとして、いろいろな人たちが、同じ社会でくらしていることを知りましょう！

話し声やアナウンスが聞こえない人

　耳の聞こえない人（聴覚障害者）は、さまざまな情報を目で見て知ることができますが、音声での案内しかないと、電車のおくれなどの情報がわかりません。また、緊急の場合のブザーやサイレンも聞こえないので、災害や事故などが起こったとき、とても不安になります。

どこに何があるのかが見えない人

　目の見えない人（視覚障害者）が初めての場所で行動するのは、とてもたいへんなこと。どこに何があるのかがわからないし、それを説明する案内板を読むこともできません。それに、道路や駅のホームなどでは、命の危険にかかわる場合があります。

街

1巻 街の中にはいろいろな人がいるよ

動きがゆっくりな人

高齢者は、歩くときや、バスや電車などで立ったり座ったりするとき、転んでケガをしないように、ゆっくり動きます。同じように、おなかの中に赤ちゃんがいる妊婦も、赤ちゃんを守ろうという気持ちや、おなかが大きくなっていることなどから、自然とゆっくりした動きになります。

移動するのがたいへんな人

ケガや病気などで歩くことができない人がいます。車いすを使って自分で移動できる人もいますが、車いすは少しの段差でも、前へ進むのが難しくなってしまいます。また、ある程度のはばがある場所でないと、車いすに乗ったまま入っていくことができません。

じっとしているのが苦手な人

発達障害（→2巻22ページ）のある人の中には、同じところにじっと立っていたり、座っていたりすることが苦手な人がいます。小さい子どもも同じように、歩き回ったり、急に走り出したりすることがあるので、おたがいがケガをしないように注意が必要です。

学校

心のバリアを探してみよう
マンガ編

あなたの中にも心のバリアがあるのかもしれません。
マンガとクイズで探してみましょう。

～障害のある人はすごい？～

マンガの中に心のバリアはあったかな？

🍀 障害のある人の行動に、なんでも感動すること

「障害があるのに、がんばって会社に通っている」というのは、障害のある人を特別あつかいしていることになります。

この人にとっては、会社へ行くことは当たり前のことかもしれません。当たり前のようにくり返している日常的な行動を取り上げて、いちいち感動するのは、この人そのものを見ようとしないで、「障害のある人」という目で見ているにすぎないのです。

3コマ目

9コマ目

「障害があるのに、注文できてすごい！」というのも、障害者を特別あつかいしています。この障害者は、店員さんが知らなかっただけで、お店によく来る人かもしれません。また、そうでなくても、ここがコーヒーを出すお店だと知って、コーヒーを飲むためにやってきたのかもしれません。それなら、メニューが読めなくても注文ができますよね。

当たり前にできることを、「障害者なのにすごい！」とほめられたら、あなたはどう思うでしょうか？

🍀 障害のある人の中にも、いろいろな人がいる

同じ視覚障害者でも、その人によって障害の内容は細かくちがいます。ひとりひとり性格もちがうので、全員がいつもだれかの手助けを必要としているわけではありません。

お店でメニューを読んでもらいたい人もいれば、必要ないという人もいます。いつもは必要ないけれど、初めて来たお店だから読んでほしいという場合もあるでしょう。それを判断するために、お店の人はまず、「メニューをお読みしましょうか？」と声をかけてみるといいでしょう。

7コマ目

マンガの中に心のバリアはあったかな？

1巻 心のバリアを探してみよう マンガ編

🍀 まちがった言い伝えで、障害者のことをかんちがいしてしまう

2コマ目

　昔はみょうな言い伝えがあったので、「ウソをつくと口が曲がる」という表現を、一部の大人が使うかもしれません。でも、もちろんそんなことはなく、障害がある場合や、生まれつき口が少し曲がっているという人もいます。
　まちがった言い伝えは、かたよった見方をする原因になります。こうした表現を広めないようにしましょう。

🍀 障害は乗りこえるものではない

4コマ目

　以前から国語や道徳の授業では、ヘレン・ケラーをはじめとする人々が「障害を乗りこえた人」「障害に打ち勝った人」として紹介されてきました。しかし、最近ではこの表現も、心のバリアになると指摘されています。障害は、自分の能力や見た目、家族、環境と同じように、その人とともにあるものであり、受け入れて生きていくものだという考え方が、広まってきています。
　困難に打ち勝つことは、障害のある人に限ったことではありません。障害者をまるで困難に打ち勝つ人の代表のようにあつかうことも、心のバリアになっているといえるでしょう。

🍀 知識がないのに手を差しのべようとする

8コマ目

　目の見えない人を案内しようとすることは、悪いことではありません。しかし、いきなり杖をつかんだら、相手はどう思うでしょうか？　おどろいて、こわい思いをするはずです。
　目の見えない人を案内するときには、正しい方法があります。（→3巻12ページ）それを知らないまま、案内しようとするのはやめましょう。もし困っていそうな人がいたら、まずは「何かお手伝いできることはありますか？」と声をかけてみましょう。

心のバリアを探してみよう
クイズ編

Q1 車いすに乗った人を見かけたら、どうする？

道を歩いていたら、車いすに乗ったまま止まっている人を見かけたよ。何か困っているのかもしれないけど、もしかしたら休んでいるだけかもしれない。どうしたらいいと思う？

あ 車いすをおしてあげる
車いすに乗っているんだから、きっとたいへんなはず。手伝わなくちゃ！

い そっとしておく
どうしたらいいのかわからないから、そのままにしておく。

う 声をかける
「何かお手伝いできることはありますか？」とたずねてみる。

Q2 障害のある人を見て、「かわいそう」と思うのは悪いこと？

街で身体の不自由な人を見かけたときに、「かわいそう」と思ったことを親に話したら、おこられたよ。そんなふうに思うのは、悪いことなのかな？

あ 悪くない
自分の気持ちだから、心の中でそう思うのは悪いことではない。

い 相手に失礼だから、悪い
自分がかわいそうな人だといわれたら気分がよくないから、思ったらいけない。

Q1 のこたえ……… う 声をかける

手伝うことが必要かどうか、まずは聞いてみる

　車いすに乗っている人が、いつも困っているというわけではありません。自分で車いすを動かして好きなところへ行ける人もたくさんいます。でも、ずっと止まっていて、何か困っているのかもしれないと思ったときは、声をかけてみましょう。
　のように、勝手に車いすをおすのは、びっくりさせてしまうので、やめましょう。「何かお手伝いできることはありますか？」という聞き方がいいでしょう。

Q2 のこたえ……… あ 悪くない

思ってもいいが、顔や態度に出さない

　障害のある人を見かけたとき、心の中で「あの人、足が不自由なんだ。かわいそうだな」と思うことは悪いことではありません。その人に興味をもち、理解しようとするきっかけになるからです。
　でも、そう思ったことを顔に出したり、態度に出したりすると、障害のある人にもそれが伝わってしまいます。よく知らない人に「かわいそう」だと思われると、いやな気持ちになる人もいますから、顔や態度に出さないようにしましょう。

1巻　心のバリアを探してみよう　クイズ編

耳せんをしたり、目かくしをしたりすれば、耳や目に障害のある人の気持ちがわかる？

耳が聞こえない、目が見えないという体験をしてみれば、障害のある人の気持ちがわかって、通じあうことができるかな？

あ わかる
聞こえない、見えないってこわいんだね。いつもたいへんな思いをしてるんだ。

い わからない
実際に聞こえない感じ、見えない感じとはちがうんじゃないかな。

 視覚に障害のある人は、ない人よりも耳で聞く力やさわって感じる力がすぐれているってホント？

目が見えない分、耳がよく聞こえたり、ものをさわったときの感覚がするどかったりするなど、ほかのところの力がすぐれていることって、あると思う？

あ すぐれている
目が見えない分、耳がよく聞こえるから、ひとりで歩くことができるんじゃないかな。

い すぐれてはいない
目が見えない分、聞くことやさわることに、とても注意しているだけじゃないかな。

Q3 のこたえ……… い わからない

かんたんな体験では、障害者の気持ちはわからない

　もし障害のない人が、少しの間だけ耳せんや目かくし体験をしたら、「こわい」と感じてしまうでしょう。そして、障害者も同じようにいつも「こわい」と感じていると思ってしまうかもしれません。でも、障害のある人はその状態になれているので、とまどうことは少なく、こうした体験だけで障害のない人が障害者の気持ちを理解することはできないのです。

　ただし、車いすに乗ると、見える景色のちがいがわかるので、車いすの人たちの生活を少しは体験できるといえるでしょう。

Q4 のこたえ……… い すぐれてはいない

障害がある分ほかの器官がすぐれていることはない

うんうん。よーく聞かせて！

　目の見えない人が、その分耳がよく聞こえたり、さわって感じる力がすぐれていたりするということはありません。

　ただし、目が見えないために、日常生活の中で聞こえてくる音に注意深くなったり、さわったものを確かめるのに集中したりするので、経験を積みかさねた結果、聞く力やさわって感じる力がすぐれているように感じられることはあるようです。これは、目が見えない人が経験してきたことの結果であり、生まれたときからそうだったわけではないのです。

1巻 心のバリアを探してみよう クイズ編

Q5 山で見た景色の話を友だちにしていたよ。視覚障害者の友だちも、仲間に入れるべき？

夏休みに山登りをしたときの景色がとてもきれいだったことを、友だちに話していたんだ。視覚障害のある友だちも近くにいるけど、仲間に入れたほうがいいのかな？

あ 入れる
目が見えていても見えていなくても、仲間はずれはよくないよね。

い 入れない
目が見えないんだから、きっと話してもわからないよ。

Q6 車いすに乗っている友だちがいつもちこくしてくるのは、しかたがないこと？

車いすに乗っている友だちが、いつも約束におくれてくるんだけど、障害がある人だからしかたがないのかな。そんなことで文句をいってもいいと思う？

あ 障害があるんだから、いわないほうがいい
障害がある人はたいへんなんだから、ちこくくらいでおこってはいけない。

い 障害があっても、悪いことはいうべきだ
障害があってもなくても関係ない。友だちとして、思ったことは伝えたほうがいいと思う。

Q5 のこたえ……… あ 入れる

目が見えなくても、わかるような表現で話す

視覚障害者には、山の景色を見ることができません。だからといって、視覚障害者が山の風景について知りたくないというわけではありません。それに、友だちが集まって話しているのに、ひとりだけ仲間はずれになるほうが、「かなしい」と感じるはずです。

もし、景色の話をするときに視覚障害者の友だちがいたら、「手のひらぐらい大きな葉っぱが落ちていた」といったように、わかりやすい表現で話すことを心がけましょう。

Q6 のこたえ……… い 障害があっても、悪いことはいうべきだ

障害のある人に、意見をいってはいけないことはない

全く知らない人に文句をいうのは、障害のある・なしにかかわらず、やめたほうがいいでしょう。でも、相手は友だちなのですから、いつもちこくしてくることをよく感じていないという気持ちは伝えるべきです。

車いすに乗っているから、乗っていない人よりも時間がかかるのだとしたら、もっと時間によゆうをもって出かけることもできるでしょう。障害はちこくの理由にはならないのですから。

1巻 心のバリアを探してみよう クイズ編

考えてみよう！ 障害のある友だちと、何して遊ぶ？

少しのくふうや援助で、障害のある友だちと楽しく遊ぶことができます。

車いすに乗った友だちと遊ぶとき

考えるヒント
・歩けない
・両手は使える

場合を想定してみよう →

工作やお絵かきなど、身体を使わない遊びはほとんどできます。下のような足を使わないゲームなどもいっしょにできます。

風船バレーボール

風船を使って、地面に落ちないようにラリーを続けます。ゆっくりと落ちてくるので、車いすの人が参加しやすい遊びです。

テーブルホッケー

ペットボトルのフタなどをティッシュの空き箱やカップラーメンの空き容器などで打ち、テーブルの上をすべらせます。相手側にフタを落としたら勝ち。テーブルのヨコに新聞紙をテープなどではりつけてかべをつくると、ヨコに落ちないので、遊びが続きます。

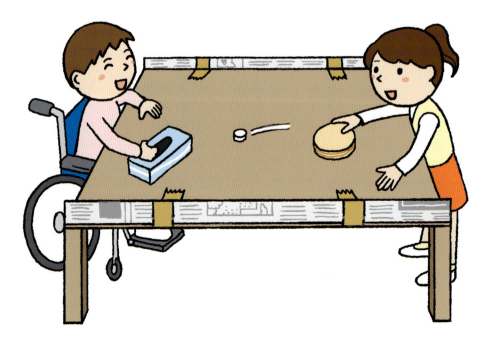

視覚障害のある友だちと遊ぶとき

考えるヒント

・目が全く見えない

場合を想定してみよう

目が見えないので、音やさわった感じを使った遊びを考えてみましょう。トランプは難しいけれど、将棋は動かしたコマを声で教えてあげればできる人もいます。

箱の中身はなんだろう？ ゲーム

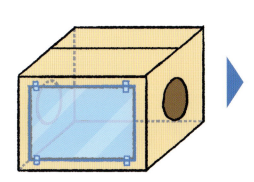

上のような箱を用意する。前面の段ボールを切り取ってクリアファイルなどのとう明な板をはりつけて中身が見えるようにする。

箱の両側から手を入れて、中身を手でさわって当てる。当てる人以外は、中に入っているものを見て、ヒントを出すなどして盛り上げる。

聴覚障害のある友だちと遊ぶとき

考えるヒント

・耳が聞こえない

場合を想定してみよう

話し言葉や音楽や合図の音は聞こえないので、目で見てわかる遊びをしましょう。下の遊びのほかに、紙に書いたお題をジェスチャーで伝えるジェスチャーゲームなども楽しいです。

ジャンケンオニ

地面にS字などクネクネと線を引いて、2チームに分かれて、線の両はしからスタート。出会ったところでジャンケンをし、負けたらどいて、次の人がスタート。相手チームのほうまで先についたほうが勝ち。

1巻 考えてみよう！ 障害のある友だちと、何して遊ぶ？

学習ノート

心のバリアに気づいたら、次からどうしたらいいと思う?

ここまでで、心のバリアについて学んできました。学んだことを役立てるために、次からどうしたらいいのか考えてみましょう。

● 駅前で、車いすに乗った人が止まっていたよ。どうしたらいいと思う?

● この前行ったコンサートの話をしていたら、聴覚障害者（ちょうかくしょうがいしゃ）の友だちも話に加（くわ）わったよ。どうしたらいいと思う?

※本に書きこまず、コピーして使いましょう

- 視覚障害者の友だちが、わたしのCDをなかなか返してくれない。どうしたらいいと思う？

- 杖をもった人のポケットから携帯電話が落ちたよ。本人は気がついていないみたい。どうしたらいいと思う？

この巻で学んだことをもとにして考えてみよう！

※本に書きこまず、コピーして使いましょう

みんなのバリアフリー 全巻さくいん

あ
- 青延長用ボタン付き信号機 …… 2巻 33
- 動く歩道 …… 2巻 39
- エイズ …… 2巻 19
- ADHD（注意欠如多動症） …… 2巻 22、25
- エスコートゾーン …… 2巻 35
- LD（学習障害） …… 2巻 23、26
- エレベーター付き歩道橋 …… 2巻 33
- お知らせランプ …… 2巻 13
- オストメイト …… 2巻 19、49
  - 3巻 33
- オストメイトマーク …… 2巻 19、49
- 音響式信号機 …… 2巻 33、34
- 音声案内 …… 1巻 5
  - 2巻 8、12、38、47
- 音声読書機 …… 2巻 7

か
- 介助犬 …… 2巻 49、51
- 介助式（車いす） …… 2巻 15
- 解説放送 …… 2巻 9
- ガイドヘルパー …… 2巻 7
- 拡大字版教科書 …… 2巻 57
- 肝臓機能障害 …… 2巻 18
- 義手 …… 2巻 14
  - 3巻 41
- 義足 …… 2巻 14
  - 3巻 41
- 車いす… 1巻 4、6、8、16、20、24、26、28
  - 2巻 4、14、16、34、39、43、45、47、49、51、52、54
  - 3巻 22、24、26、33、36、40
- 車いすバスケットボール …… 3巻 41
- 車いす用公衆電話 …… 2巻 48
- 警告ブロック …… 2巻 32
- 言語障害 …… 2巻 28
- 高齢者 …… 1巻 8、15
  - 2巻 17、20、33、35、39、41、43、45、47、53、55、59
  - 3巻 28、33、36
- 口話法 …… 2巻 11
  - 3巻 18

- ゴールボール …… 3巻 43
- 呼吸機能障害 …… 2巻 18
- 心のバリア …… 1巻 5、6、8、10、16、20
- 心のバリアフリー …… 1巻 8、10
  - 3巻 9

さ
- 酸素ボンベ …… 2巻 18
- ジェスチャー …… 1巻 27
  - 2巻 10
  - 3巻 18
- 視覚 …… 1巻 22
- 視覚障害 …… 1巻 14、16、24、27、29
  - 2巻 6、8、14、32、34、38、40、47、49、51、52、57
  - 3巻 7、9、10、12、14、33、36、41、43
- 自走式（車いす） …… 2巻 15
- 肢体不自由… 2巻 14、16、33、34、39、41、43、45、47、48、51、52、54、58
  - 3巻 22、24、26、42
- 自閉症スペクトラム障害 …… 2巻 22、24
- 字幕 …… 2巻 13
- 弱視 …… 2巻 6
- 手話 …… 2巻 11、13
  - 3巻 20
- 障害者のための国際シンボルマーク …… 2巻 49
- 障害者用駐車スペース …… 2巻 51
  - 3巻 35、37
- 障害を理由とする差別の解消の推進に関する法律 …… 2巻 29
- 小腸機能障害 …… 2巻 18
- 人工透析 …… 2巻 18
- 心臓機能障害 …… 2巻 18
- 腎臓機能障害 …… 2巻 18
- 身体障害者標識 …… 2巻 49
- 身体障害者福祉法 …… 2巻 18
- 身体障害者補助犬法 …… 2巻 51
- スペシャルオリンピックス …… 3巻 45
- スロープ …… 1巻 4
  - 2巻 47
- 全盲 …… 2巻 6
  - 3巻 41、43

た
- タッチスイッチの水栓 ……… ②巻 59
- 多目的トイレ ……… ③巻 31、33
- 知的障害 ……… ②巻 22、27
  - ③巻 45
- 聴覚障害 ……… ①巻 14、22、27、28
  - ②巻 10、12、14、28、38、41、47、49、51、55、57
  - ③巻 16、18、20、44
- 聴覚障害者標識 ……… ②巻 49
- 聴導犬 ……… ②巻 13、49
- つりかわ ……… ②巻 43
- デフリンピック ……… ③巻 44
- 電光掲示板 ……… ②巻 41、47
- 点字 ……… ②巻 7、38、49、52
- 点字ブロック ……… ①巻 4
  - ②巻 5、32、35
  - ③巻 32、38
- 電動式（車いす）……… ②巻 15
- トーキングエイド ……… ②巻 29

な
- 内部障害 ……… ②巻 18、45、49
  - ③巻 29
- 内方線付き点字ブロック ……… ②巻 40
- 二段手すり ……… ②巻 41
- 日本語対応手話 ……… ②巻 11
- 日本手話 ……… ②巻 11
- 妊婦 ……… ①巻 8、15
  - ②巻 20、35、41、45
  - ③巻 28、32、34、36
- ノンステップバス ……… ②巻 45

は
- ハート・プラスマーク ……… ②巻 49
- 白杖 ……… ②巻 6
  - ③巻 7、12、15
- 発券機 ……… ②巻 38
- 発達障害 ……… ①巻 15
  - ②巻 22
- パラリンピック ……… ③巻 40、42、44
- バリアフリー ……… ①巻 4
  - ②巻 5、29、30、32、34、36、38、40、42、44、46、48、50、52、54、56、58
- ハンドグリップ ……… ③巻 26
- 筆談 ……… ①巻 4
  - ②巻 11、29、38
  - ③巻 19
- ヒト免疫不全ウイルス（HIV）……… ②巻 18
- ブラインドサッカー ……… ③巻 41
- ペースメーカー ……… ②巻 18
- ヘルプマーク ……… ②巻 49
- ヘレン・ケラー ……… ①巻 18
- 膀胱・直腸機能障害 ……… ②巻 18
- ホームドア ……… ②巻 40
- 歩行器 ……… ②巻 14
- 補助犬 ……… ②巻 49、51
- ほじょ犬マーク ……… ②巻 49、51
- 補聴援助システム ……… ②巻 57
- 補聴器 ……… ②巻 10、57
  - ③巻 19
- ボッチャ ……… ③巻 42

ま
- マグネット式ボタンの服 ……… ②巻 58
- マタニティマーク ……… ②巻 21、49
  - ③巻 29、34、36
- 耳マーク ……… ②巻 49
- 盲 ……… ②巻 6
- 盲人のための国際シンボルマーク ……… ②巻 49
- 盲導犬 ……… ①巻 11
  - ②巻 5、6、49、51
  - ③巻 33、34、36

や
- 優先席 ……… ②巻 19、20、45
  - ③巻 29、36
- 誘導ブロック ……… ②巻 32
- ユニバーサルデザイン ……… ②巻 53
- ユニファイドスポーツ ……… ③巻 45
- 指文字 ……… ③巻 21

ら
- レッドリボンマーク ……… ②巻 19
- 録音図書 ……… ②巻 7

監修
徳田克己(とくだ　かつみ)

筑波大学医学医療系教授、教育学博士、臨床心理士、筑波大学発ベンチャー企業の子ども支援研究所所長。専門は、心のバリアフリー（障害理解）、点字ブロック研究、発達障害のある幼児の育児・保育・教育。全国で発達相談、保育相談を行っている。心のバリアフリー、気になる子の育児・保育に関する著書や論文が多数ある。

イラスト	こんどうまみ
デザイン・DTP	高橋里佳(Zapp!)
文	たかはしみか
編集協力	株式会社スリーシーズン(伊藤佐知子、永渕美加子)
写真協力	アフロ
校正	株式会社鷗来堂

みんなのバリアフリー❶
心のバリアフリーってなんだろう？

2018年4月初版　　2024年3月第5刷

監修	徳田克己
発行者	岡本光晴
発行所	株式会社あかね書房
	〒101-0065　東京都千代田区西神田3-2-1
	☎03-3263-0641(営業)　03-3263-0644(編集)
	https://www.akaneshobo.co.jp
印刷所	株式会社精興社
製本所	株式会社難波製本

ISBN978-4-251-09411-7 C8337
ⓒ3season／2018／Printed in Japan
落丁本・乱丁本はおとりかえします。
定価はカバーに表示しています。

```
NDC 369
監修　徳田克己
みんなのバリアフリー＜1＞
心のバリアフリーってなんだろう？
あかね書房　2018　32P　31cm×22cm
```

監修／徳田克己（筑波大学教授）

1巻

「心のバリアフリーって なんだろう?」

自分の中の「心のバリア」を見つけて、バリアフリーの社会をつくろう。

2巻

「障害のある人が 困っていることを知ろう」

障害のある人を理解するために、障害者がふだんどんな生活をしているのかを学ぶよ。

3巻

「みんなでできる バリアフリー活動」

障害のある人とよい関係をつくれるように、正しくサポートする方法を学ぼう。